LETTRES
DE LEGITIMATION

Accordées

PAR LES ROIS

HENRY QUATRE

ET

LOUIS QUATORZE,

En faveur de leurs Enfans naturels.

LETTRES DE LEGITIMATION DE CESAR DE VENDOSME.

EXTRAIT DES REGISTRES DE PARLEMENT.

. . . Janvier 1595.

HENRY PAR LA GRACE DE DIEU ROY DE FRANCE ET DE NAVARRE: A tous presens & à venir, SALUT. Nous estimons pouvoir veritablement dire avoir autant que nul de nos prédecesseurs travaillé pour la conservation, le bien & le repos de cet Etat; lequel de desolé qu'il étoit & proche d'une quasi inévitable ruïne quand il est tombé entre nos mains, l'on a vû que Nous l'avons relevé, & par la grace de Dieu tantôt rétabli en son ancienne force & dignité, n'ayant à ce épargné non-seulement nôtre labeur, mais nôtre sang & nôtre vie que Nous avons souvent prodigalement exposée aux occasions qui s'en sont offertes, tant que nulle espece de peine & de peril ne Nous a été inexperimenté, & neanmoins avec tant de zele & d'affection envers cette Couronne, que tout Nous a été facile & supportable: ce qui Nous a fait esperer que cette vertu & force sera hereditaire à tous les Nôtres, & tout ce qui proviendra de Nous naîtra & croîtra avec cette même intention envers cet Etat. C'est pourquoy Nous avons d'autant plus desiré d'avoir lignée & en laisser aprés Nous à ce Royaume; & puisque Dieu n'a pas encore permis que Nous en ayons en legitime mariage, pour être la Reine nôtre Epouse depuis dix ans séparée de Nous, Nous avons voulu, en attendant qu'il Nous veüille donner des enfans qui puissent legitimement succeder à cette Couronne, rechercher d'en avoir d'ailleurs en quelque lieu digne & honorable, qui soient obligez d'y servir comme il s'en est vû d'autres de cette qualité, qui ont trés-bien merité de cet Etat, & y ont fait de grands & notables services. Pour cette occasion ayant reconnu les grandes graces & perfections tant de l'esprit que du corps qui se trouvent en la personne de nôtre chere & bien-amée la Dame Gabrielle d'Estrées, Nous l'avons puis quelques années recherchée à cet effet, comme le sujet que nous avons jugé & connu le plus digne de nôtre amitié: *ce que Nous avons estimé pouvoir faire avec moins de scrupule & charge de conscience, que Nous sçavons que le mariage qu'elle avoit auparavant contracté avec le Sieur de Liancourt étoit nul & sans avoir jamais eu aucun effet, comme il s'est justifié par le Jugement de la séparation & nullité dudit mariage qui s'en est du depuis ensuivi;* & s'étant ladite Dame aprés nos longues poursuites, & ce que Nous y avons apporté de nôtre autorité condescenduë à Nous obéïr & complaire, & ayant plû à Dieu Nous donner puis n'agueres en elle un fils, qui a jusqu'à present porté le nom de Cesar Monsieur, outre la charité naturelle & affection paternelle que Nous lui portons, tant pour être extrait de Nous, que pour les singulieres graces que Dieu & la nature lui ont departies en sa premiere enfance, qui font esperer qu'elles lui augmenteront avec l'âge & provenant de telle tige, qui produira un jour beaucoup de fruit à cet Etat, Nous avons résolu en l'avoüant & reconnoissant nôtre Fils naturel, lui accorder & faire expedier nos Lettres de Legitimation, *cette grace lui étant d'autant plus necessaire que le defaut en sa progeniture l'excluant de toute prétention en la succession, non-seulement de cette Couronne & de ce qui en dépend, mais aussi de celle de nôtre Royaume de Navarre, & de tous nos autres biens & revenus de nôtre autre patrimoine tant échûs que ceux qui pourront échoir, il demeureroit en trés mauvaise condition, s'il n'étoit par ladite Legitimation rendu ca-*

pable de recevoir tous les dons & bienfaits qui lui seront faits tant par Nous que par autres, comme c'est bien nôtre intention de lui en départir autant qu'il en convient pour soûtenir l'honneur & la dignité de la Maison dont il est issu. POUR ces causes, ayant sur ce que dessus eu l'avis des Princes de nôtre Sang & autres Princes, des Officiers de la Couronne & autres des principaux de nôtre Conseil, avons de nôtre certaine science, pleine puissance & autorité Royale avoüé, dit & déclaré, avoüons, disons & déclarons par ces Presentes signées de nôtre main, ledit Cesar nôtre Fils naturel, & icelui legitimé & legitimons, & de ce titre & honneur de legitimation décoré & décorons par cesdites Presentes: Voulons & octroyons que dorénavant en tous actes & honneurs tant en Jugement que hors, il soit tenu, censé & réputé legitime, & qu'il puisse quand il sera en âge, ou autre pour lui pendant sa minorité, acquerir en cestuy nôtre Royaume tels biens meubles & immeubles que bon lui semblera, & d'iceux ordonner & disposer, soit par Testament, Codicile & Ordonnance de derniere volonté, Donation faite entre-vifs ou autrement, ainsi qu'il lui plaira, & qu'il puisse aussi apprehender & recüeillir tous les dons, bienfaits & gratifications qui lui pourront être faites par Nous & tous autres, dont Nous l'avons rendu & rendons capable par cesdites Presentes; ensemble de pouvoir tenir telles Charges, Etats, Dignitez & Offices, desquelles il pourra tant par Nous que nos successeurs Rois être honoré, l'ayant à ce habilité & dispensé, habilitons & dispensons par cesdites Presentes, sans que de tout ce que dessus il lui puisse être fait, mis ou donné aucun empêchement pour quelque cause & occasion que ce soit, dérogeant de nôtre grace speciale à toutes Ordonnances qui pourroient être à ce contraires. Si donnons en mandement à nôtre Cour de Parlement & Chambre de nos Comptes à Paris, faire lire, publier & enregistrer lesdites Presentes selon leur forme & teneur, & du contenu en icelles faire joüir & user ledit Cesar Monsieur, pleinement & paisiblement, nonobstant comme dessus; & afin que ce soit chose ferme & stable à toûjours, Nous avons fait mettre nôtre scel à cesdites Presentes, sauf en autres choses nôtre droit & l'autruy en toutes. Donné à Paris au mois de Janvier l'an de grace mil cinq cens quatre-vingt-quinze, & de nôtre Regne le sixiéme. Ainsi *signé* HENRY. *Et sur le replis*, Par le Roy, FORGET. *Et à côté*, Visa. Et scellées sur lacs de soye rouge & verte, en cire verte, du grand scel.

Registrées ouy sur ce le Procureur General du Roy. A Paris en Parlement, le troisiéme jour de Fevrier l'an mil cinq cens quatre-vingt-quinze. Signé, DU TILLET.

Signé, DU NOYER: & collationné.

LETTRES
DE LEGITIMATION
EN FAVEUR D'ALEXANDRE,
Fils de GABRIELLE D'ESTRE'ES Ducheſſe de Beaufort.

EXTRAIT DES ORDONNANCES ROYAUX.

Année 1599.

HENRY, PAR LA GRACE DE DIEU ROY DE FRANCE ET DE NAVARRE, à tous preſens & à venir, SALUT: Les mêmes raiſons & conſiderations que Nous avons euës d'accorder cy-devant à nôtre cher & bien amé fils naturel Ceſar Duc de Vendoſme, de Beaufort & d'Eſtampes, Pair de France, & nôtre bien amée auſſi fille Henriette legitimée de France, nos Lettres de legitimation, leſquelles ont été approuvées & verifiées en nos Cours de Parlement & Chambre des Comptes où elles ont été preſentées, ſe retrouvant pareilles en la perſonne de nôtre cher & bien amé Alexandre nôtre ſecond fils, auſſi naturel, que Nous avons eu depuis en la perſonne de feuë nôtre trés-chere & bien amée Couſine Gabrielle d'Eſtrées Ducheſſe de Beaufort; tant pour être de même extraction de pere & de mere, *ladite Dame Ducheſſe de Beaufort lors ſoluë & non mariée*; que pour y avoir auſſi bon ſujet de bien eſperer dudit Alexandre nôtre fils, & qu'il ſera un jour utile au bien & ſervice de cet Etat, ſe reconnoiſſans en cette premiere enfance tous bons ſignes & indices de force & de courage, leſquels avec la bonne inclination naturelle qui doit par raiſon être en lui & inſtruction avec laquelle Nous le ferons nourrir & élever proviendront avec l'aide de Dieu à quelque bon effet. Eſtant auſſi maintenant, depuis qu'il a plû à Dieu appeller à lui nôtre Couſine la Ducheſſe de Beaufort ſa mere, plus particulierement obligé d'avoir ſoin de lui, comme eſt nôtre intention, Nous avons reſolu en l'avoüant & reconnoiſſant nôtre fils naturel, lui accorder & faire expedier nos Lettres de legitimation, *cette grace lui étant d'autant plus neceſſaire, que le défaut en ſa progeniture l'excluant de toute prétention en les ſucceſſions, non-ſeulement de cette Couronne & de ce qui en dépend, mais auſſi de celle de nôtre Royaume de Navarre, & de tous nos autres biens & revenus de nôtre ancien patrimoine, tant échûs, que ceux qui pourront écheoir, il demeureroit en très-mauvaiſe condition s'il n'étoit par la legitimation rendu capable de recevoir tous les dons & bienfaits qui lui ſeront faits, tant par Nous que par autres*, comme eſt bien nôtre pretention de lui en départir autant qu'il en convient pour ſoûtenir l'honneur & la dignité de la Maiſon dont il eſt iſſu. POUR ces cauſes, ayant ſur ce que deſſus eu l'avis des Princes de nôtre Sang, & autres Princes, des Officiers de la Couronne, & autres des principaux de nôtre Conſeil, avons de nôtre certaine ſcience, pleine puiſſance, & autorité royale, avoüé, dit, & déclaré, avoüons, diſons, & déclarons par ces preſentes ſignées de nôtre main, ledit Alexandre nôtre Fils naturel, & icelui legitimé & legitimons, déclaré & déclarons par ces preſentes, voulons & octroïons que doreſnavant en tous actes & honneurs, tant en Jugement, que dehors, il ſoit tenu, cenſé, & reputé legitime, & qu'il puiſſe quand il ſera en âge, ou autre pour lui pendant ſa minorité, acquerir en ceſtuy nôtre Royaume tels biens meubles & immeubles que bon lui ſemblera; & d'icelui ordonner, diſpoſer, ſoit par Teſtament, Codicile, & ordonnance de derniere volonté, donations faites entre vifs, ou autrement, ainſi qu'il lui plaira; & qu'il puiſſe aussi apprehender & recueillir tous les dons, bienfaits, & gratifications qui pourront lui être faites par Nous & tous autres, dont nous l'avons rendu & rendons capable par cesdites Presentes; ensemble de pouvoir tenir telle Charge & Etats, Dignitez & Offices, desquelles il pourra tant par Nous que par nos successeurs Rois être honoré, l'ayant habilité & dispensé, habilitons & dispensons par cesdites Presentes, sans que de tout ce que dessus il lui puisse être fait ou donné aucun empêchement pour quelque cause ou occasion que ce soit, dérogeant de nôtre grace speciale à toutes Ordonnances qui pourroient être à ce contraires. Si donnons en Mandement à nos Cours de Parlement & Chambre des Comptes à Paris, faire lire, publier, & enregistrer cesdites Presentes selon leur forme & teneur, & du contenu en icelles faire joüir & user ledit Alexandre Monsieur pleinement & paisiblement, nonobstant comme dessus. Et afin que ce soit chose ferme & stable à toûjours, Nous avons fait mettre nôtre scel à cesdites Presentes, sauf en autre chose nôtre droit, & l'autrui en toutes. Donné à Fontainebleau au mois d'Avril l'an de grace 1599. & de nôtre Regne le dixiéme, *signé*, HENRY. *Et sur le repli*, Par le Roy, FORGET; *& à côté*, Visa, & scellées sur lacs de soye rouge & verte en cire verte du grand scel.

Registrées, oüi le Procureur General du Roy, à Paris en Parlement, le cinquiéme jour de May, l'an mil cinq cens quatre-vingt dix-neuf. Collation a été faite avec son Original.

Extrait des Ordonnances Royaux. Signé, DU NOYER: & collationné.

LETTRES DE LEGITIMATION

EN FAVEUR DE GASTON DE FOIX,

Fils de CATHERINE HENRIETTE DE BALZAC, Marquise de Verneüil.

EXTRAIT DES ORDONNANCES ROYAUX.

Fevrier 1603.

HENRY, PAR LA GRACE DE DIEU ROY DE FRANCE ET DE NAVARRE, à tous presens & à venir, SALUT : L'affection vers nos enfans étant chose naturelle, tant pour ce qu'ils sont une partie trés sensible de Nous-mêmes, qu'à cause de la vie que en eux & leurs descendans Nous Nous conservons & perpetuons ; nul ne pourra estimer que trés loüable le soin & desir que Nous avons de subvenir & pourvoir au *défaut de la naissance contre la rigueur & severité des Loix civiles*, à nôtre trés cher & trés-amé fils naturel, que Nous entendons être nommé GASTON DE FOIX, né & issu de Nous & de nôtre trés-chere & trés-amée Catherine Henriette de Balzac, Marquise de Verneüil ; *attendu que par tel obstacle étant déchû des successions, tant des Couronnes de France & de Navarre, que de tout nôtre ancien patrimoine, échû & à écheoir, sa condition seroit trés-pitoïable, s'il ne lui étoit permis de joüir en ce Royaume des Grades & Dignitez trés-convenables à l'honneur qu'il a d'être issu de Nous ; & pour icelui maintenir, recevoir les bienfaits dont Nous entendons le gratifier ; & tant iceux que autres qu'il pourra acquerir, faire passer à ses successeurs.* POUR ces causes, desirant en tant qu'il est en Nous, de favoriser & meliorer la condition de nôtredit Fils, *& lui lever & ôter tous empêchemens, objections, & difficultez qui se pourroient presenter au contraire à cause du défaut de sa naissance* ; aprés avoir eu sur ce l'avis des Princes de nôtre Sang, & autres Officiers de nôtre Couronne, & principaux Seigneurs de nôtre Conseil, de nôtre certaine science, grace speciale, pleine puissance, & autorité royale, avons declaré & avoüé, déclarons & avoüons par ces Presentes signées de nôtre main, ledit Gaston, Marquis de Verneüil, nôtre Fils naturel ; & icelui legitimé & legitimons, & de ce titre de legitimation décoré & décorons : voulons & ordonnons que doresnavant en tous actes, soit en Jugement, ou dehors, il soit tel tenu, censé, & reputé, & comme tel il puisse tenir & exercer toutes Charges, Grades, Etats, Dignitez, Offices, Benefices, fonctions publiques, avec les honneurs, droits, prerogatives, & préeminences qui y appartiennent ; avoir & posseder tous autres biens, tant meubles qu'immeubles, dont il Nous plaira le gratifier, & qu'il pourra acquerir par quelque titre que ce soit : *Et specialement lui octroïons de pouvoir recueillir la succession de ladite Dame sa mere, & des parens d'icelle, pourvû qu'il soit de leur consentement* ; & de tous les biens par lui acquis, ou qui lui adviendront, ordonner à sa volonté en faveur de qui que ce soit par toutes sortes de dispositions legitimes, soit entre vifs, ou à cause de mort ; *& de même que ses enfans & descendans procréez en legitime mariage lui puissent succeder, sans que par la mort sesdits biens puissent être par Nous & nos successeurs Rois prétendus, pourvû qu'il n'y ait autre cause que le défaut de son origine.* Et à tout ce que dessus l'avons habilité & dispensé, habilitons & dispensons par ces Presentes, sans que à l'avenir il lui soit donné pour ce regard directement ou indirectement, aucun empêchement au contraire, imposant sur ce silence à nôtre Procureur General, & à tous autres nos Officiers, & dérogeantde nôtre propre mouvement, grace, & autorité speciale, à tous Edits, Ordonnances, Loix, Statuts, Droits, & Constitutions generales & locales de nôtre Royaume, ensemble aux dérogatoires des dérogatoires y contenuës qui pourroient être au contraire. Et voulant autant qu'il est en Nous reciproquement donner toute la satisfaction qu'il se peut & doit à ladite Dame Henriette de Balzac, comme elle a rendu de sa part tout le témoignage de sa bonne volonté envers nôtredit Fils qui se pouvoit desirer d'une bonne mere, lui ayant trés-volontiers déferé la succession; pour ces causes, outre ce que l'avons cy-devant chargé d'avoir le soin & de la personne de nôtredit Fils, & de ce qui le peut concerner, avons estimé trés-juste & trés-raisonnable d'en faire une plus ample déclaration, la faisant participer selon le merite de son affection, aux biens qui pourroient cy-aprés appartenir à nôtredit Fils. POUR ces causes, aprés avoir eu sur ce l'avis desdits Princes, Officiers de nôtre Couronne, & principaux de nôtre Conseil, avons liberalement accordé & accordons à ladite Dame Henriette de Balzac qu'elle joüisse dès à present de tous les droits, & prerogatives de Bail & Garde noble, & durant le temps y prescrit elle ait l'entiere, libre & pleine administration & regime de tous les fruits & revenus, tant meubles, que immeubles qui appartiendront à nôtredit Fils, ne se pouvant trouver personne qui y apporte plus de soin & fidelité. Voulons aussi, & Nous plaît que arrivant le deceds de nôtredit Fils sans hoirs legitimes procreez de lui, ladite Dame sa mere lui succede par usufruit en tous sesdits biens meubles & immeubles, soit de nôtre vivant, ou aprés, renonçant en sa faveur pour raison dudit usufruit, à tous droits que Nous y pourrions prétendre; & en tant que besoin seroit, lui en faisons don dès à present, *levant & ôtant toutes difficultez & empêchemens à ce contraires, & mêmement en ce que la disposition de la Coûtume ne correspondroit pas entierement à nôtre présente intention*, à quoi de nôtre grace speciale, pleine puissance, & autorité royale, Nous avons dérogé & dérogeons par ces Presentes; *la proprieté desdits biens meubles & immeubles appartenans à nôtredit Fils lors de son decés reservée à nôtre disposition, pour être par Nous départis à celui, ou ceux de nos Enfans que verrons être bon, & aprés Nous nôtre trés-cher & bien amé Fils le Dauphin nôtre successeur en disposera au profit de nosdits Enfans, comme il verra être à faire pour le mieux.* Si mandons à nôtre Cour de Parlement & Chambre de nos Comptes à Paris, de faire lire, publier, & enregistrer ces Presentes selon leur forme & teneur, & de tout le contenu en icelles circonstances & dépendances faire joüir & user pleinement & paisiblement ladite Dame de Balzac, & nôtredit Fils, nonobstant comme dessus. Et afin que ce soit chose ferme & stable à toûjours, Nous avons fait mettre nôtre scel à cesdites Presentes. Car tel est nôtre plaisir. Donné à Paris au mois de Fevrier l'an de grace mil six cens trois, & de nôtre Regne le quatorziéme, *signé* HENRY. *Et sur le repli :* Par le Roy, POTIER. *A costé,* Visa : & scellées sur lacs de soye rouge & verte du grand scel.

Registrées, oui le Procureur General du Roy, à Paris en Parlement le dixhuitiéme jour de Janvier, l'an mil six cens trois, signé DU TILLET.

Signé, DU NOYER, & Collationné.

LETTRES
DE LEGITIMATION
EN FAVEUR
D'ANTOINE COMTE DE MORET,
Fils de JACQUELINE DE BEUIL, Comtesse de Moret.

EXTRAIT DES ORDONNANCES ROYAUX.

Janvier 1608.

HENRY PAR LA GRACE DE DIEU ROY DE FRANCE ET DE NAVARRE: A tous presens & à venir, SALUT. Il n'y a chose si chere que l'affection des peres envers leurs enfans, que la nature a gravée au vif en l'ame d'un chacun, comme partie trés-pure & trés-noble d'eux-mêmes, ausquels & en leurs descendans Nous conservons nôtre vie & perpetuons nôtre memoire. C'est pourquoy nul ne pourra estimer que trés-noble & trés-digne le soin & le desir que Nous avons de subvenir & pourvoir au *défaut de la naissance, contre la rigueur & severité des Loix Civiles*, à nôtre trés-cher & bien-amé Fils naturel, qu'entendons être nommé ANTOINE COMTE DE MORET, né & issu de Nous, & de nôtre trés-chere & bien-amée Jacqueline du Beüil Comtesse de Moret; *ce que* avons estimé pouvoir faire avec moins de scrupule & charge de conscience, que *Nous sçavions que le mariage qu'elle avoit auparavant contracté avec le sieur de Harlay Seigneur de Chesy étoit nul, & sans jamais avoir eu aucun effet, comme il s'est justifié par le jugement de séparation & nullité dudit mariage qui s'en est depuis ensuivi*; & s'étant ladite Dame condescenduë à Nous complaire, & ayant plû à Dieu de Nous donner puis n'agueres en elle un Fils, auquel outre l'affection paternelle & charité naturelle que Nous lui portons tant pour être issu de Nous que de ladite Dame, issuë des deux côtez des plus grandes & illustres Maisons de ce Royaume, qui ont tenu & tiennent encore à present des plus grandes Charges en cet Etat, que pour les singulieres graces que Dieu & la nature lui ont départies en sa jeunesse, qui Nous font esperer qu'elles lui augmenteront avec l'âge; *attendu que par tel obstacle étant déchû des successions tant des Couronnes de France & de Navarre, que de tout nôtre ancien patrimoine échû & à écheoir, sa condition seroit trés-pitoyable s'il ne lui étoit permis de joüir en ce Royaume des Grades & Dignitez convenables à l'honneur qu'il a d'être issu de Nous; & pour icelui maintenir, recevoir les bienfaits dont Nous entendons le gratifier, & tant iceux que autres qu'il pourra acquerir, faire passer à ses successeurs.* POUR ces causes, desirant entant qu'il est à Nous de favoriser & meliorer la condition de nôtredit Fils, *& lui lever & ôter tous empêchemens, objections, & difficultez qui se pourroient presenter au contraire à cause de sa naissance*; aprés avoir eu sur ce l'avis des Princes de nôtre Sang, autres Princes & Officiers de nôtre Couronne, & principaux Seigneurs de nôtre Conseil, de nôtre certaine science, grace speciale, pleine puissance & autorité Royale, avons déclaré, avoüé, déclarons & avoüons par ces Presentes, signées de nôtre main, ledit Antoine Comte de Moret nôtre Fils naturel, & icelui legitimé & legitimons, & de ce titre de Legitimation décoré & décorons: Voulons & ordonnons que dorénavant en tous actes soit en Jugement ou dehors il soit tel tenu, censé & réputé, & comme tel il puisse tenir & exercer toutes Charges, Grades, Dignitez & Preéminences qui y appartiennent, avoir & posseder tous autres biens tant meubles qu'immeubles dont il Nous plaira le gratifier, & qu'il pourra acquerir par quelque titre que ce soit; *& specialement luy octroyons de pouvoir recueillir la succession de ladite Dame sa mere & des parens d'icelle, pourvû que ce soit de leur consentement*, & de tous les biens par lui acquis & qui lui adviendront, ordonner à sa volonté en faveur de qui que ce ſoit par toutes ſortes de diſpoſitions legitimes, ſoit entre-vifs ou à cauſe de mort, *& même que ſes enfans & deſcendans procréez en legitime mariage lui puiſſent ſucceder, ſans que par la mort ſeſdits biens puiſſent être par Nous & nos ſucceſſeurs Rois prétendus, pourvû qu'il n'y ait autre cauſe que le défaut de ſa naiſſance*; & à tout ce que deſſus l'avons habilité & diſpenſé, habilitons & diſpenſons par ces Preſentes, ſans qu'à l'avenir il lui ſoit donné pour ce regard directement ou indirectement aucun empêchement à ce contraire, impoſant ſur ce ſilence à nôtre Procureur General & à tous nos amez Officiers, & dérogeant de nôtre propre mouvement, grace & autorité ſpeciale à tous Edits, Ordonnances, Loix & Conſtitutions generales & locales de nôtre Royaume, enſemble aux dérogatoires y contenuës qui pourroient être à ce contraires. Et voulant autant qu'il eſt à Nous réciproquement donner toute la ſatisfaction qui ſe peut & doit à la Dame Jacqueline de Beüil, comme elle a rendu de ſa part tout le témoignage de ſa bonne volonté envers nôtredit Fils, qui ſe pourroit deſirer d'une bonne mere, lui ayant trés-volontiers déferé la ſucceſſion, outre ce que l'avons cy-devant chargée d'avoir le ſoin de la perſonne de nôtredit Fils, & de ce qui le peut concerner, avons eſtimé trés-juſte & raiſonnable d'en faire une plus ample déclaration, la faiſant participer ſelon le merite de ſon affection aux biens qui pourroient cy aprés appartenir à nôtredit Fils. Pour ces cauſes, aprés avoir eu ſur ce l'avis deſdits Princes du Sang, Officiers de nôtre Couronne, & principaux de nôtre Conſeil, avons liberalement accordé & accordons à ladite Dame Jacqueline de Beüil qu'elle joüiſſe dés à preſent de tous les droits & prérogatives de Bail & Gardenoble, & durant leſdits temps elle ait l'entiere, libre, pleine adminiſtration & regence de tous les fruits & revenus tant meubles qu'immeubles qui appartiendront à nôtredit Fils, ne ſe pouvant trouver perſonne qui y apporte plus de ſoin & de fidelité. Voulons auſſi & Nous plaît qu'advenant le deceds de nôtredit Fils ſans hoirs legitimes procréez de lui, ladite Dame ſa mere lui ſuccede par uſufruit en tous ſeſdits biens, meubles & immeubles, ſoit de nôtre vivant ou aprés, renonçant en ſa faveur pour raiſon dudit uſufruit à tous droits que Nous y pourrions prétendre; & en tant que beſoin ſeroit, lui en faiſons don dés à preſent, *levant & ôtant toutes difficultez & empêchemens à ce contraires, & mêmement en ce que la diſpoſition de la Coûtume ne correſpondroit pas en ce à nôtre intention*; à quoy de nôtre grace ſpeciale, pleine puiſſance & autorité Royale Nous avons dérogé & dérogeons par ces Preſentes, *la proprieté deſdits biens meubles & immeubles appartenans à nôtredit Fils lors de ſon deceds réſervée à nôtre diſpoſition, pour être par Nous départis à celui ou à ceux de nos Enfans que verrons être bon, & aprés Nous nôtre trés-cher & trés-amé Fils le Dauphin nôtre ſucceſſeur en diſpoſera au profit de noſdits Enfans, comme il verra être à faire pour le mieux.* Si mandons à nôtre Cour de Parlement & Chambre de nos Comptes à Paris de faire lire, publier, & enregiſtrer ces Preſentes ſelon leur forme & teneur, & de tout le contenu d'icelles, circonſtances & dépendances faire joüir, uſer pleinement & paiſiblement ladite Comteſſe de Moret & nôtredit Fils, nonobſtant comme deſſus. Et afin que ce ſoit choſe ferme & ſtable à toûjours, Nous avons fait mettre nôtre ſcel à ceſdites Preſentes: Car tel eſt nôtre plaiſir. Donné à Paris au mois de Janvier l'an de grace mil ſix cens-huit, & de nôtre Regne le dix-neuviéme. *Signé*, HENRY. *Et ſur le replis*, Par le Roy, DE LOMENIE. *A côté*, Viſa. Et ſcellées ſur lacs de ſoye rouge & verte, en cire verte, du grand ſcel.

Regiſtrées, ouy le Procureur General du Roy, pour joüir par ladite Dame de Beüil Comteſſe de Moret, & ledit Comte de Moret de l'effet & contenu. A Paris en Parlement le vingt-deuxiéme jour de Fevrier l'an mil ſix cens-huit. Signé, [illegible]
a été faite à ſon Original. Signé, DU TILLET.

Collationné, PAYEN. Signé, DU NOYER.

LETTRES
DE LEGITIMATION
DE
LOUIS-AUGUSTE DUC DU MAINE, LOUIS-CESAR COMTE DE VEXIN, ET LOUISE FRANÇOISE DE NANTES.

EXTRAIT DES ORDONNANCES ROYAUX.

Decembre 1673.

LOUIS PAR LA GRACE DE DIEU ROY DE FRANCE ET DE NAVARRE: A tous présens & à venir, SALUT. La tendresse que la nature Nous donne pour nos Enfans, & beaucoup d'autres raisons qui augmentent considerablement en Nous ces sentimens, Nous obligent de reconnoître LOUIS AUGUSTE, LOUIS-CESAR, & LOUISE-FRANÇOISE, & leur donner des marques publiques de cette reconnoissance pour assurer leur état. Nous avons estimé necessaire d'expedier à cet effet nos Lettres Patentes pour déclarer nôtre volonté; à quoy Nous nous portons d'autant plus volontiers, que Nous avons lieu d'esperer qu'ils répondront à la grandeur de leur naissance, & aux soins que Nous faisons prendre de leur éducation. A CES CAUSES, & autres considerations à ce Nous mouvans, de l'avis de nôtre Conseil, & de nôtre certaine science, pleine puissance, & autorité royale, Nous avons par ces Presentes signées de nôtre main, déclaré & déclarons lesdits Loüis-Auguste, Loüis-Cesar, & Loüise-Françoise, nos Enfans naturels: *Voulons & entendons qu'ils soient nommez, sçavoir ledit Loüis Auguste*, LE DUC DU MAINE; *Loüis-Cesar*, COMTE DE VEXIN; *& ladite Loüise-Françoise*, DE NANTES. Et de nôtre même puissance & autorité, Nous les avons légitimez & légitimons, & du titre de Légitimation décoré & décorons lesdits Loüis-Auguste Duc du Maine, Loüis-Cesar Comte de Vexin, & Loüise-Françoise de Nantes. Voulons, ordonnons & Nous plaît, que cy-aprés tant en jugement que hors icelui, & en tous actes particuliers & publics, ils soient tenus, censez, & réputez, comme nous les tenons, censons & réputons pour legitimez; & qu'à cet effet ils puissent & leur soit loisible de tenir & posseder en nôtre Royaume toutes Charges, Etats, Dignitez & Benefices, ensemble tous & chacuns les biens meubles & immeubles qu'ils pourront cy-aprés acquerir ou qui leur pourront être donnez & délaissez, soit par Nous ou par tous autres, par donation, testament, institution, ou autrement; & disposer de tout, soit en faveur de leurs heritiers ou autres en quelque sorte & maniere que ce soit ou puisse être, tout ainsi que s'ils étoient nez en vray & loyal mariage: *Et joüir nosdits Enfans naturels de tous & semblables droits, facultez & privileges dont les Enfans naturels & legitimez des Rois nos prédecesseurs ont accoûtumé de joüir & user dans nôtre Royaume.* SI DONNONS EN MANDEMENT à nos amez & feaux Conseillers les Gens tenans nôtre Cour de Parlement à Paris, & aussi nos amez & feaux les Gens tenans la Chambre des Comptes audit lieu, que ces Présentes ils ayent à registrer, & du contenu en icelles faire joüir nosdits Enfans naturels non-obstant tous Edits, Ordonnances, Déclarations, Arrêts, & Reglemens, Coûtumes & Usages à ce contraires, ausquels Nous avons derogé & derogeons par ces Présentes: CAR TEL EST NOSTRE PLAISIR. Et afin que ce soit chose ferme & stable à toûjours, Nous avons fait mettre nôtre seel à nosdites Présentes. DONNÉ à Saint Germain en Laye au mois de Decembre l'an de grace 1673, & de nôtre Regne le trente-uniéme. *Signé*, LOUIS. *Et sur le reply :* Par le Roy, COLBERT. Scellées en lacs de soye du grand sceau de cire verte.

Registrées, oüy ce requerant le Procureur General du Roy, pour être executées selon leur forme & teneur. A Paris en Parlement le vingtiéme Decembre 1673. Signé, JACQUES.

Par la Chambre : Collationné, *Signé*, DONGOIS.

LETTRES
DE
SUCCESSION RECIPROQUE

Entre LOUIS-AUGUSTE DE BOURBON Duc du Maine, LOUIS-CESAR DE BOURBON Comte de Vexin, LOUISE-FRANÇOISE DE BOURBON, & LOUISE-MARIE-ANNE DE BOURBON.

EXTRAIT DES ORDONNANCES ROYAUX.

Janvier 1680.

LOÜIS PAR LA GRACE DE DIEU ROY DE FRANCE ET DE NAVARRE : A tous presens & à venir, SALUT. Par nos Lettres Patentes des mois de Decembre 1673. & Janvier 1676. enregistrées en nôtre Cour de Parlement, & Chambre des Comptes de Paris, Nous avons legitimé LOUIS AUGUSTE Duc du Maine, LOUIS CESAR Comte de Vexin, LOUISE-FRANÇOISE DE NANTES, & LOUISE-MARIE-ANNE DE TOURS, freres & sœurs, nos Enfans naturels, & leur avons accordé tous les Honneurs & tous les Droits dont les Enfans naturels & legitimez peuvent joüir, entre lesquels nous entendons comprendre le lien civil qui les rende capables, leurs enfans & descendans d'eux en legitime mariage de succeder les uns aux autres ; & afin que nôtre volonté soit certaine, & pour leur donner de nouvelles marques de nôtre tendresse paternelle, Nous avons jugé à propos de leur faire porter le surnom de BOURBON, & au surplus d'y pourvoir par les Presentes. A CES CAUSES & autres considerations à ce Nous mouvans, aprés avoir le tout communiqué à aucuns de nôtre Sang, & plus notables Personnes de nôtre Conseil, de leur avis, & de nôtre propre mouvement, grace & liberalité speciale, pleine puissance & autorité Royale, ajoûtant ausdites Lettres de Legitimation, *avons déclaré & déclarons nôtre vouloir & intention, que nosdits Enfans naturels legitimez portent le surnom de* BOURBON, *& outre que lesdits Loüis Auguste de Bourbon Duc du Maine, Loüis Cesar de Bourbon Comte de Vexin, Loüise-Françoise de Bourbon, & Loüise-Marie-Anne de Bourbon freres & sœurs soient capables de succeder, même* ab intestat *les uns aux autres : comme aussi avons déclaré & déclarons les enfans & descendans en legitime mariage desdits Loüis Auguste, Loüis Cesar, Loüise-Françoise, & Loüise-Marie-Anne de Bourbon capables de succeder les uns aux autres selon l'ordre des successions legitimes ; ce que Nous voulons avoir lieu à l'égard desdits Loüis-Auguste, Loüis-Cesar, Loüise-Françoise, & Loüise-Marie-Anne de Bourbon & de leurs descendans, tant pour les biens qu'ils ont reçus & recevront de nôtre liberalité, que pour ceux qu'ils pourront acquerir d'ailleurs, dérogeant* *à toutes Loix, Ordonnances & Usages à ce contraires.* SI DONNONS EN MANDEMENT à nos amez & feaux Conseillers les gens tenans nôtre Cour de Parlement & Chambre des Comptes à Paris, que ces Presentes ils ayent à faire lire, publier & enregistrer, & du contenu en icelles joüir & user pleinement & paisiblement lesdits Loüis-Auguste, Loüis-Cesar, Loüise-Françoise, & Loüise-Marie Anne de Bourbon nos Enfans & leurs descendans en legitime mariage, sans permettre ni souffrir y être apporté aucun trouble ni empêchement quelconques, nonobstant tous Edits & choses à ce contraires, ausquels Nous avons pareillement dérogé & dérogeons par ces Presentes. CAR TEL EST NOSTRE PLAISIR. Et afin que ce soit chose ferme & stable à toûjours, Nous avons fait mettre nôtre scel à cesdites Presentes. DONNE' à Saint Germain en Laye au mois de Janvier l'an de grace mil six cens quatre-vingt, & de nôtre Regne le trente-sept. *Signé*, LOUIS. *Et plus bas*, Par le Roy, COLBERT. Et scellé du grand sceau de cire verte, en lacs de soye rouge & verte.

Registrées, ouy ce requerant le Procureur General du Roy, pour être executées selon leur forme & teneur, suivant l'Arrest de ce jour. A Paris en Parlement le onze Janvier 1680. Collationné, PAYEN. *Signé*, DU NOYER.

Vû par la Cour les Lettres Patentes, &c.
Conclusions du Procureur General du Roy, ouy le rapport de Me Jean le Coq, Conseiller, tout consideré. La Cour *attendu le commandement & la volonté dudit Seigneur Roi*, a ordonné & ordonne que lesdites Lettres en forme d'Edit seront enregistrées au Greffe d'icelle, pour être executées selon leur forme & teneur. Fait en Parlement le XI. Janvier 1680. *Signé*, POTIER, LE COQ DE CORBEVILLE.

LETTRES DE LEGITIMATION DE LOUIS-ALEXANDRE DE BOURBON, ET DE FRANÇOISE-MARIE DE BOURBON, AVEC DROIT DE SUCCESSION RECIPROQUE.

EXTRAIT DES ORDONNANCES ROYAUX.

Decembre 1681.

LOUIS, PAR LA GRACE DE DIEU ROY DE FRANCE ET DE NAVARRE, à tous presens & à venir, SALUT : La tendresse naturelle que Nous avons pour nos Enfans Nous auroit porté à reconnoître & legitimer notre trés-cher & bien amé LOUIS AUGUSTE DE BOURBON Duc du Maine, LOUIS CESAR DE BOURBON Comte de Vexin, LOUISE-FRANÇOISE DE BOURBON, & deffunte LOUISE-MARIE-ANNE DE BOURBON, par nos Lettres du mois de Decembre

1673, & Janvier 1676, comme aussi de leur donner le surnom de Bourbon, & les rendre capables de succeder les uns aux autres, ensemble leurs enfans & descendans en legitime mariage, ainsi qu'il est porté par nos Lettres du mois de Janvier 1680. Et ayant les mêmes sentimens pour LOUIS-ALEXANDRE, & FRANÇOISE-MARIE, nos Enfans naturels, Nous avons bien voulu leur donner de semblables marques de nôtre affection. A CES CAUSES, & autres considerations à ce Nous mouvans, de nôtre grace speciale, pleine puissance, & autorité royale, Nous avons par ces Presentes signées de nôtre main, déclaré & déclarons ledit Loüis-Alexandre, & ladite Françoise-Marie, nos Enfans naturels; *voulons qu'ils soient nommez, sçavoir ledit Fils*, LOUIS ALEXANDRE DE BOURBON, *& ladite Fille*, FRANÇOISE-MARIE DE BOURBON; & à cet effet Nous les avons legitimez & legitimons, & du titre de legitime décorez & décorons; voulons, ordonnons, & nous plaît que cy-aprés, tant en Jugement qu'autrement, & en tous actes particuliers & publics ils soient tenus, censez, & reputez, comme nous les tenons, censons, & reputons pour legitimez, & qu'à cette fin ils puissent & leur soit loisible de tenir & posseder en nôtre Royaume, Païs, Terres, & Seigneuries de nôtre obéïssance, toutes Charges, Etats, Dignitez, Benefices, & tous & chacuns les biens meubles & immeubles qu'ils pourront cy-aprés acquerir, & qui leur seront donnez ou délaissez par Nous & par tous autres par donation, testament, institution, ou autrement; & d'en disposer en faveur de leurs heritiers ou autres en quelque sorte & maniere que ce soit; & generalement joüir de tous, tels & semblables droits, facultez, & privileges dont les Enfans naturels & legitimez des Rois nos prédecesseurs ont accoûtumé de joüir dans nôtre Royaume. *Voulons en outre que ledit Loüis-Auguste de Bourbon Duc du Maine, Loüis-Cesar de Bourbon Comte de Vexin, Loüise-Françoise de Bourbon, ledit Loüis-Alexandre de Bourbon, & ladite Françoise-Marie de Bourbon soient capables de succeder en tous leurs biens, même* ab intestat, *les uns aux autres, tant pour les biens reçus & qu'ils recevront de nôtre liberalité, que pour ceux qu'ils pourront acquerir d'ailleurs; & déclarons leursdits enfans & descendans en legitime mariage capables de succeder les uns aux autres selon l'ordre des successions legitimes, derogeant à toutes Loix, Ordonnances, & usages à ce contraires.* SI DONNONS en mandement à nos amez & feaux Conseillers les Gens tenans nôtre Cour de Parlement & Chambre des Comptes à Paris, que les Presentes ils ayent à faire enregistrer, & du contenu en icelles faire joüir & user nosdits Enfans naturels pleinement & paisiblement, cessant, & faisant cesser tous troubles & empêchemens, nonobstant tous Edits, Ordonnances, Déclarations, Arrêts, Reglemens, Coûtumes, Usages, & autres choses à ce contraires, ausquels nous avons dérogé & dérogeons par ces Presentes: CAR TEL EST NOSTRE PLAISIR. Et afin que ce soit chose ferme & stable à toûjours, Nous avons fait mettre nôtre scel à ces Presentes. DONNE' à Saint Germain en Laye au mois de Novembre l'an de grace 1681, & de nôtre Regne le trente-neuviéme, *signé* LOUIS. *Sur le repli:* Par le Roy, COLBERT. Scellées en lacs de soye du grand sceau de cire verte.

Registrées, oüy ce requerant le Procureur General du Roy, pour joüir par les Impetrans de leur effet & contenu, & être executées selon leur forme & teneur, suivant l'Arrêt de ce jour. A Paris en Parlement le 22. Novembre 1681.

Collationné, PAYEN. *Signé* DU NOYER.

www.ingramcontent.com/pod-product-compliance
Lightning Source LLC
LaVergne TN
LVHW050518160826
845677LV00003B/1215

* 9 7 8 2 3 2 9 6 3 2 3 2 2 *